圣经至上

SCRIPTURE *Is* SUPREME

提姆·切斯特（Tim Chester） 著

甘霖 译

Scripture Is Supreme

© 2023 by Tim Chester

Originally Published by Union Publishing

Bryntirion House, Bridgend, CF31 4DX, UK

圣经至上

作者：提姆·切斯特（Tim Chester）

翻译：甘霖

编辑：赵然

ISBN：978-1-965805-51-0

eBook ISBN：978-1-965805-52-7

除非特别说明，本书所有经文均引自和合
本圣经。

这本书很有帮助。它探讨了一个相当重要的问题，简明扼要、通俗易懂、合乎圣经，且涵盖了当今生活和教会历史中的实用例证。我强烈推荐它！

——阿拉斯代尔·佩因（Alasdair Paine），英国剑桥大学教区牧师、演说家兼作家

提姆以一贯的清晰和准确对圣经的至高权威做出了极富洞见且注重实践的阐释。所有新老基督徒都应读读这本书。

——马丁·萨尔特（Martin Salter），英国贝德福德社区教会主任牧师，会议发言人兼作家

提姆·切斯特清晰而精要地阐释了一个重要主题——上帝话语的至高权威。他如实论证了圣经确实是上帝的声音，即上帝"口所出的话"（赛55:11）。正因如

此，它跨越了创造主与受造物之间、天与地之间、不可见与可见之间的鸿沟。这是一个鼓舞人心的提醒：当我们读圣经时，要如同听到上帝从天上对我们说话一般，好像寻得许多"掳物"（诗119:162）的人那样欢喜。

—— J.斯蒂芬·尤里（J. Stephen Yuille），德克萨斯州沃思堡西南浸信会神学院灵命塑造与教牧学教授

目　录

基要真理系列
丛书前言

简单来说，这套丛书介绍了福音中一些毋庸置疑的基要真理。

到底是哪些真理呢？我们来看看使徒保罗在写给罗马人的书信中的开篇是怎么说的：

> 耶稣基督的仆人保罗奉召为使徒，特派传上帝的福音。这福音是上帝从前藉众先知在圣经上所应许的，论到他儿子我主耶稣基督。按肉体说，是从大卫后裔生的；按圣善的灵说，因从死里复活，以大能显明是上帝的儿子。

（罗 1:1-4）

对保罗来说，福音是以上帝为中心的信息，即"上帝的福音"。它是一个三位一体的信息：父借着圣灵的能力启示他的儿子。它源于圣经，即"在圣经上"所应许的。它聚焦于上帝的儿子耶稣基督及其救赎工作。这信息更在圣灵重生的大能中发挥作用，带来实际的果效。换言之，基督的福音乃是关乎父、子与圣灵以及他们在启示、救赎与重生中之作为的好消息。①

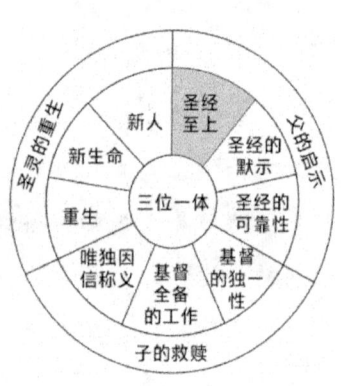

---

① 该图表及对其的解释首次见于 Michael Reeves, *Gospel People: A Call for Evangelical Integrity* (Wheaton, IL: Crossway, 2022), 20, 119。

这些真理都是相互关联的、它们共同构成了我们荣美的、合乎圣经的、三位一体的、以基督为中心的、圣灵所成就的好消息。这套丛书简明地概括了福音信息，帮助读者重新认识福音的真正含义。这十本小书涵盖了福音中的基本主题，如图中两个内圆所示。

每本小书都探讨了一个主题，但这套丛书的目的不仅仅是传达书中的内容。毕竟，福音不仅仅是启示，更是关乎**救赎**和**重生**的启示。因此，愿你在阅读这套书时生命得着更新，来敬拜和享受那位"可称颂、荣耀之上帝"（提前1:11）。

迈克尔·里弗斯（Michael Reeves）

丛书编辑

第一章
谁的话最重要？
至高的权威

我曾经迟迟不愿接受卫星导航。有朋友把他们淘汰的导航仪给了我，但我很少使用。倘若我按照纸质地图（还记得这个吗？）行车，我发现自己下次还能记住路线。但卫星导航不知为何会让我大脑中负责导航的部分进入休眠状态。因此，若我使用导航仪，那么我下次再走那条路时就无法凭记忆复现路线了。

但渐渐地，我变得不那么抗拒了。我想自己大概是懒惰作祟——跟着导航走比自己规划路线容易得多，尤其是没有朋友在副驾驶位上帮忙查看公路地图时。如今我一直在用卫星导航，心甘情愿地听从它永远从容的指令。

不过也有例外的时候。上周，我忽略了它的右转指令。当时我因为要从一个陌生地点返回家中才开了导航。就在我们快驶入家附近的熟悉区域时，卫星导航仍处于开启状态，它突然指示我拐入一条我以前从未走过的路。

我忽略了它的指令。片刻之后，我遇到了交通拥堵。我的预计到达时间瞬间增加了三十分钟。我原以为自己比卫星导航更了解路况，但现在却为此付出了代价。

我们总以为自己可以随心所欲地自由行事。但事实上，我们一生中大部分时间都要服从权威。我们按照妈妈说的去做（偶尔如此），遵守交通法规，执行上司的命令，按照说明书操作，服从卫星导航的语音提示。

有时我们可能很讨厌这些权威。毕

竟，谁愿意被人呼来喝去呢？我们抱怨政府的规章制度或不合理的工作要求。但倘若政府根本不存在，我们的抱怨恐怕会更多。诚然，我们讨厌某些法律规条，但我们依然承认法律与秩序的必要性。从某种意义上来说，我确实可以随意地逆行，没有什么能阻止我横跨车道转向。但我若果真如此，势必要走上一条通往灾难的道路。

驾车前往陌生城市时，我既需要卫星导航指引方向，又要遵守交通法规，才能安全抵达目的地。

但人生的旅途呢？我们该如何前行？或者若我想亲近上帝呢？我该怎么做？什么样的导航能为我指明正确的方向？

答案很简单：人生路上唯一可靠的向导是圣经。当基督徒宣称圣经有至高的权威时，我们是在宣告圣经是认识上帝的权威指南。圣经就是为我们指明人生方向的导航，是向我们揭示上帝命令的交通法规。

说话的权威

圣经至上。这意味着圣经具有最高的权威，因此仔细聆听它所说的至关重要。因为圣经所言皆为真理，其权威性源于它的真实可靠。

维基百科有权威吗？从某种意义上说是有的。它当然能提供真实信息。假设你和朋友争论2014年足球世界杯的冠军得主，你说是巴西，朋友说是德国。这场争论很容易解决。你们当中只要有人掏出手机查一下维基百科，就知道朋友是对的：冠军是德国。（猜猜我是怎么知道这个的？）

维基百科的权威性可以平息朋友间的争论。但众所周知，它并非百分之百可靠，其内容质量完全取决于内容贡献者的水平，甚至有人会因为恶作剧而故意添加虚假内容。因此，作为克罗斯兰兹培训学院一名认真负责的教员，我告诫学生不要完全依赖维基百科。若必须给其可靠性打分，或许它能得八十分。

那么大学教科书呢？这是否是我们可以信赖的权威呢？人们认为，教科书由专家撰写，经过仔细编辑，或许还经过同行评审，因此其可靠性理应远高于维基百科。但许多教科书中仍会出现零星的错别字或日期错误。而且，学术研究始终在发展变化。新发现层出不穷，而且不断有新的理论被提出。因此，虽然教科书在我们的可靠性评分中得分更高，但仍无法达到百分之百。它虽然比维基百科更有权威，但仍有一定的局限性。

然而，圣经是百分之百真实可信的，因此具有百分之百的权威性。丁道尔（William Tyndale，1494–1536）——这位为翻译英文圣经而殉道的基督徒——将圣经描述为帮助我们分辨真假教义的"试金石"。①

　　"圣经至上"这一表述中的"圣经"
一词，特指我们所读圣经中所记载的上帝
的话语。而"至上"一词也可延伸至福音
的传扬与圣经的宣讲，但仅当它们能如实
地反映圣经的教导时才成立。圣经是我们
衡量其他一切真理的准绳。

统管的权威

　　圣经的权威性远不止于此，因其不只
是一个可靠的信息来源。它不只告知我们
什么——是什么、什么是真理，等等。它
更向我们指明**如何做**——如何认识上帝、
如何活出生命应有的样式。圣经是一本蕴
含深意的书，你不可能读完它后用一种事
不关己的态度说"真有趣！"。你无法置

------

① William Tyndale, "Prologue to the Book of Genesis,"in *Works of William Tyndale*, ed. Henry Walter (Edinburgh: Banner of Truth, 2010), 1:398.

身事外。一旦读了圣经，你就必须选择做点什么：或爱或憎，或接受或拒绝，或顺服或违背。唯独不能选择中立。

是的，圣经是一本描述事实的书。但它远不止于此。它还包括命令和邀请。其中的话语能产生作用。即便经文所说的严格来说并非命令，但其中也承载着重要意义。

圣经的核心主张之一是，耶稣已从死里复活，成为万有的主（罗1:1-4；林前15:3-4）。乍看之下，这只是对事实的陈述，但它需要人做出回应。如果你仅回应说"这很有趣"，那么你并未真正理解耶稣复活的意义。基督的复活证实了他是上帝所立的君王，呼召你顺服他的主权，并将你的一生交托给他，蒙他看顾和保守。

我最近一次在回家途中，卫星导航指示我右转。当我忽略这个指令时，我的行程额外增加了三十分钟。不过放眼整个人生，这实在算不上什么大事。通常情况下，听从导航的指引是明智之举，但说到底，就算不听也无伤大雅。然而，要求你顺服基督并将生命交托给他则完全是另一回事，其影响意义极其深远——不仅贯穿今生，更将延续到永恒。

说圣经至上则意味着，圣经在一切真正重要的事上都是权威——时间与永恒、地与天、人与上帝。与你的卫星导航不同，圣经不会告诉你如何前往伦敦；与维基百科不同，圣经不会告诉你2014年世界杯的冠军得主是谁。但当圣经谈到上帝是谁、他的旨意是什么、我们是谁、我们如何认识他、我们如何蒙拯救脱离他的审判以及如何过讨他喜悦的生活时，它的教导具有至高的权威。

"告诉我经上哪里这样写了"

巴伐利亚贵妇阿古拉·冯·格鲁巴赫（Argula von Grumbach，1492–1554）幼年时，她的父亲曾送给她一本德语圣经。当宗教改革运动的消息传开时，她成了一位重要的支持者，尽管她的丈夫持保留态度。

1523年9月20日，阿古拉致信英戈尔施塔特大学（the University of Ingolstadt）的教授们，质疑对方的一场公开辩论。她此举是为一位名叫阿尔萨斯·塞霍夫（Arsacius Seehofer）的十八岁大学生辩护，此人因拒绝放弃刚接受的新教信仰而受到酷刑威胁。

阿古拉的信在当时引发了巨大的轰动，初版两个月内竟重印了十四次。她直言不讳："我在圣经中找不到任何关于罗马教会的依据。若你们能告诉我上帝对罗马教会有何启示，我将不胜感激。""我未曾听见你们中有人引用圣经驳斥过新教中的任何一条教义。""路德和墨兰顿（两位改教家）传授给你们的不正是上帝的道吗？你们未加辩驳便定了他们的罪。基督、使徒、先知或传福音的是如此教导你们的吗？告诉我经上哪里这样写了？"

英戈尔施塔特大学驳回了阿古拉的主张，并斥责她是"傻瓜"和"女魔头"。但她"告诉我经上哪里这样写了"的呼声已成为所有真信徒的呼声。我们乐意接受人们的主张，只要他们能说明圣经依据就行。[2]

---

[2] Peter Matheson, ed., Argula von Grumbach: *A Woman's Voice in the Reformation* (Edinburgh: T&T Clark, 1995), 75-95 passim, quoted in Timothy George, *Reading the Scriptures with the Reformers* (Grand Rapids, MI: IVP, 2011), 48-50.

高于其他一切权威的权威

"圣经至上"宣称圣经具有至高的权威。但其意义远不止于此。仅仅承认某事物拥有权威性本身并没有太大争议,我们的生活中本就充满了各种权威来源。

假设你想买辆新车,你会怎么做?你或许会凭经验做出选择。可能你上一辆车是福特牌的,性能不错,于是决定再买一辆福特牌的。或者你会咨询朋友。你的朋友约翰是个汽车行家,于是你告诉他预算并寻求他的建议。或者你会上网查阅专家的意见。又或者你会查询销售数据,选择热门车型。上述每一个选择都是在一定程度上寻求权威的意见;听取多方建议是合理的。但如果专家们意见相左呢?如果他们各自推荐不同的车型呢?此时,你必须判定谁**最**具权威性。你最相信谁的话?你要听从谁的建议?你如何知道该选择哪个车型?

宣称"圣经至上"不仅是在说圣经拥有权威性，更是在说它的权威**至高无上**。圣经的话才是一切中最重要的那个。基督徒确实承认存在其他权威，有些建议也很有分量。但圣经永远是超越其他一切意见的权威意见。如果必须选择，我们始终会优先遵循圣经的意见。这正是圣经至上教义的意义。我们只需遵循那些被证明是圣经所教导的内容。改教家马丁·路德（Martin Luther，1483–1546）指出："凡圣经或经证实的启示没有断言的内容，可作为观点持有，但无须信以为真。"③然而，我们必须相信圣经中的内容。荷兰神学家赫尔曼·巴文克（Herman Bavinck，1854–1921）总结道：

---

③ Martin Luther, "The Babylonian Captivity of the Church," in *The Annotated Luther, Volume 3: Church and Sacraments*, ed. Paul R. Robinson (Minneapolis, MN: Fortress Press, 2016), 31.

"圣经的权威"高于人类在国家与社会、科学与艺术领域中的一切权威。其他一切权威都必须服从圣经。因为人必须顺服上帝而非顺服其他人……圣经的权威源自上帝，是绝对的权威。所有人时刻都当相信并顺服它所说的。[4]

巴西流打破僵局

该撒利亚的巴西流（Basil of Caesarea，330–379）是一位三位一体教义的早期捍卫者。但他的反对者指责他标新立异——编造新教义。他们说："我们的传统不接受这个教义。"

---

[4] Herman Bavinck, *Reformed Dogmatics, Volume 1: Prolegomena*, ed. John Bolt, trans. John Vriend (Grand Rapids, MI: Baker Academic, 2003), 465.

巴西流反驳道，这种说法有失公允：
"我认为，将他们的传统视为正统的律法
与典章并不公平。若传统可作为证据，那
么我提出**我们的**传统也应当可以接受。"
这会导致两种对立的传统相持不下，而我
们却无从判定孰优孰劣。

巴西流是如何破解这一僵局的呢？
他诉诸于更高的权威："那么，让上帝所
默示的圣经在我们之间断定是非吧！让真
理将选票投给与上帝的道相合的那一方
吧！"⑤注意巴西流形容圣经是"上帝所
默示的"。圣经之所以胜出，是因为它来
自上帝（提后3:16）。上帝所默示的圣经
永远胜过人的传统与理论。每时每刻。

---

⑤ Author's paraphrase of Basil of Caesarea, "Letter
189,"section 3, in *The Nicene and Post-Nicene Fathers:
Second Series*, eds. Philip Schaff and Henry Wace
(Peabody, MA: Hendrickson, 1994), 229.

思考与讨论

1）"我原以为自己比卫星导航更了解路况，但现在却为此付出了代价。"你能否想到有哪一刻你自以为比圣经知道得更多？结果呢？

2）你会如何向非信徒和新信徒解释圣经至上的概念？你的解释会因对象不同而有所调整吗？若有，该如何调整呢？

3）"一旦读了圣经，你就必须选择做点什么……唯独不能选择中立。"你或身边人的生命中是如何体现出这一真理的？

第二章

为何圣经至上？

一个彰显上帝位格的权威

我们已经知道，"圣经至上"意味着圣经是我们的终极权威。但这引出了一个问题：为何这么说？为何要将圣经视为至高的权威？为何要优先看待一本成书于几千年前且其社会历史背景与我们现今截然不同的书？

答案是，因为圣经源自那位三位一体的上帝。圣经的话就是上帝的话。1647年的《威斯敏斯特信仰告白》（*Westminster Confession of Faith*）指出："圣经的权威理当被信服，这权威不在乎任何人或教会的见证，乃完全在乎上帝（他就是真理本身）。上帝既是圣经的作者，所以我们应

当接受圣经，因为圣经是上帝的话。" ①

上帝过去透过圣经说话

父上帝选择向我们启示他自己。子就是这启示本身。圣经称基督为"道"或"生命之道"（约1:1、14；约壹1:1）。可以说，基督就是上帝的道。《希伯来书》1章3节说："他是上帝荣耀所发的光辉，是上帝本体的真像。"子将上帝显明出来，而且他也确实如此行了。上帝曾以各种方式启示自己——在壮丽的风景中，在花瓣的精微构造里，在神迹的干预中，在日常生活的护理中。但启示的高潮是耶稣的道成肉身，那时"道成了肉身，住在我们中间"（约1:14）。

若非圣灵，这一切启示都将与我们毫无关联。圣灵使我们看见，上帝向我们启

_____

① 《威斯敏斯特信仰告白》1.4。

示的乃是上帝的自我彰显。若任由人自行其是,他们便会"行不义阻挡真理"(罗1:18)。上帝向我们启示自己,而我们却离弃了他。我们无视这明证,因为我们不愿接受它所蕴含的意义。或者我们歪曲了上帝的启示,发明了自己的上帝观。事实上,我们用手捂住耳朵。即使有耶稣道成肉身,若非圣灵光照我们,我们仍处于黑暗中(约3:3–6;林后4:6;多3:5–6)。

上帝的自我启示是父藉着子并通过圣灵临到我们的。那么圣经在这其中有什么作用呢?圣经是上帝透过圣灵所赐的礼物,以确保两件事:

- 准确记录了上帝在历史中的启示,尤其是他的道成肉身。
- 准确诠释了上帝在历史中的启示,尤其是他在道成肉身中所启示的。

上帝通过以色列的历史、先知的话、耶稣的降临以及使徒的见证启示他自己。但试想，若启示止步于此，那么时至今日我们只能依赖转述的转述的转述。这就像孩子们玩的传话游戏：当你把听来的故事悄悄告诉其他人时，每复述一次，原来的故事就失真一点。

相反，上帝赐给我们关于所发生之事准确的书面记录。为此他所做的一件事就是确保目击者在有生之年写下他们所看到的东西。当马太告诉我们耶稣在水面上行走时（太14:22–33），我们可以相信他的话，因为他当时就在船上。但更重要的是，圣灵确保圣经作者所写的都是准确无误的，是百分之百真实的事。

圣灵的工作远不止于此。当圣经作者们思考自己的所见所闻时，圣灵使他们能给出准确的诠释。圣灵在圣经成书的过程中运行，确保其成为上帝真确的启示。

因此我们说，圣经都是上帝所**默示**的——这并非缪斯女神启发艺术家的那种灵感，从字面意思上来说，这是上帝呼出的灵感（提后3:16）。对此彼得这样说："因为预言从来没有出于人意的，乃是人被圣灵感动，说出上帝的话来。"（彼后1:21）

到目前为止，我们应该清楚的是，圣经的至高权威、可靠性和默示性就像一根链条上的链环或是一根三股合成的绳子（参见传4:12）。②圣经至上是因为它全然可信，它全然可信是因为这书卷的写成乃是上帝亲自默示的，他保守执笔者，确保其绝无谬误。

圣经至上体现了上帝的位格

圣经至上体现了上帝的位格，因为我

---

② 参见 *Scripture Is Inspired*, by Steffen Jenkins, and *Scripture Is Trustworthy*, by Robert Yarbrough——即将出版的两卷书。

们能从中听到上帝的声音。我们接受圣经是最高的权威，因为我们承认上帝是最高的权威。我们顺服圣经所说的就是顺服上帝。巴文克说，我们尊重专家的建议没什么错，因为他们在各自的领域中比我们拥有更多的知识。但他们的建议仍然有待商榷。"然而，无论这些权威人士多么杰出和重要，只有当他们出示证据时，其观点才算数。"[③]归根结底，他们的权威性取决于其论据或证据的说服力。

但上帝的权威完全是另一回事：他的权威是造物主掌管受造物的权威。他有权"要求人无条件顺服"，因为"他的权威根植于他的本性，而非'理由'"。诚然，上帝的命令并非出于武断，故此人们可以探索其意义，有时也能阐释一二。但上帝的权威最终并不取决于任何论证的说服力，而是取决于上帝自身的至高权威。

---

③　Bavinck, *Reformed Dogmatics*, Volume 1, 464.

当我们试图解释上帝为何赐下某个命令
时，并没有为这命令增添半分权威。相
反，"当上帝说话时，必须停止一切怀
疑。"④

当谈到圣经至上时，我们实际上是
在使用一种简略的表达方式："圣经至
上"是"**上帝至高无上，且他透过圣经
说话**"的简称。我们还可以说，上帝的
权威是至高无上的，并且这权威体现
在圣经中。圣经至上，因为上帝是至上
的，而且他透过圣经说话。我们有时会
说要遵行圣经所说的。这是完全可接受
的简略说法，而且很有帮助。但它只是
一种简称。事实是，我们是在遵行上帝
在圣经中所说的话。

这意味着，当我们敦促人们相信或
遵行圣经的教导时，我们不是在倡导他们
遵行冷冰冰的规条，乃是照着上帝的话语

---

④　Bavinck, *Reformed Dogmatics*, Volume 1, 464.

而行。圣经至上体现了上帝的位格。的确，在某种程度上，圣经体现了上帝的属性——不是因为它就是上帝本身或是上帝的一部分，而是因为它是上帝的话语。圣经是上帝的自我表达。

我们通常不会将一个人与他（或她）所说的话割裂开来。如果说"她是个值得信赖的人，但我不相信她说的任何话"，那会显得很奇怪。如果一个人言行不一，我们会称他伪君子。一个人的性格特征与其话语之间存在着必然联系，是因为他通过说话或行事来表达自己。从这个方面来看，上帝也是如此。我们通过他所说的话来认识他。而他的话也反映了他是怎样的一位上帝。他绝非伪君子。我们相信他，因此也相信他说的话。我们接受圣经至上，因为我们接受其作者的至高权威。改教家约翰·加尔文（John Calvin，1509-1564）总结道："我们如何尊崇上帝，就当如何尊崇圣经，因为圣经唯一的源头就是上帝。"⑤

在《马太福音》28章18节中，复活的基督说："天上地下所有的权柄都赐给我了。"圣经自身也将至高的主权归于基督。《歌罗西书》1章18节说，基督"是教会全体之首，他是元始，是从死里首先复生的，使他可以在凡事上居首位。"那么，既然所有的权柄都属于基督，而且唯有他居首位，那我们为什么还要说圣经有至高的权威呢？

答案是，基督将自己的权柄赐予使徒，以确保他的权威借着圣经永远长存。神学家范浩沙（Kevin Vanhoozer）说：

---

⑤ John Calvin, *Calvin's Commentaries: The Second Epistle of Paul the Apostle to the Corinthians and the Epistles to Timothy, Titus, and Philemon*, eds. David W. Torrance and Thomas F. Torrance, trans. T. A. Smail (Edinburgh: Oliver and Boyd, 1964), comments on 2 Timothy 3:16, 330.

"使徒是耶稣位格和工作的权威诠释者，是基督事件之意义的记录者，其文字著述本质上属于三位一体上帝在沟通行动中展开的救赎计划……唯有借着圣经，教会才拥有上帝以书面形式赐下的、永不更改的终极权威。"⑥

有时人们援引基督的权威来反驳圣经的权威。他们以基督的信息为准，在圣经中挑挑拣拣。但这引出了一个问题：哪个基督？是我所理解的基督还是你所理解的基督？

感恩的是，基督自己已经避免了产生此类歧义。他委托使徒传达了对他是谁以及他有何成就的准确记录和阐释（约14:25–26，15:26–27，16:13–15）。真正的基督就是圣经中的那位基督。因此，基督

---

⑥ Kevin J. Vanhoozer, *Biblical Authority After Babel: Retrieving the Solas in the Spirit of Mere Protestant Christianity* (Grand Rapids, MI: Brazos, 2016), 91, 109.

至上就意味着圣经至上。

想象一下，有一位全能的创造主，他想要与人类沟通。你认为他能做到吗？他当然能。毕竟他是无所不能的、可以行做万事。那么，你认为这样一位存在会做好这件事吗？当然会。他想怎样做，就能怎样做。

我们所拥有的正是这样一位全能的上帝，他出于爱与人交流，而且他做得很出色。所以，相信一位慈爱的上帝必然包含相信圣经的权威性。上帝选择在圣经中启示自己，并且他要做的事总能做得很好。

顺服是生命的降服

上帝至上与圣经至上之间的关联涉及几个重要的含义。

首先，我们不崇拜圣经。我们爱它。我们尊重它。我们遵行它的教导。我们相信它。但我们不崇拜它。

有时，当人们对圣经的尊重演变为崇拜时，会说到"圣经崇拜"（bibliolatry），即对圣经的盲目崇拜。我曾听到过有人祷告得很详细，感谢上帝父亲般的看顾、感谢他差耶稣来、感谢他赐我们圣经。这人的祷告本身并无错误，但他似乎构想了一个由父、子和圣经组成的"三位一体"。圣经并不是这样谈论自身重要性的。

然而，应对"圣经崇拜"之风险的方法，并非降低我们对圣经的尊崇，而是将其视为上帝的话。你不是敬拜使者，而是在敬拜君王。你不是敬拜圣经，而是在敬拜上帝。

其次，上帝至上是圣经至上的基础。两者密不可分。自由派基督徒很愿意接受上帝至上的观点，但他们质疑圣经的权威性。他们认为圣经充其量不过是上帝与我们沟通的一种**可能**方式，而非我们的最高权威。罗马天主教接受上帝至上的观点，却不接受圣经至上。相反，他们将圣经与传统及其他权威来源视为同等。但圣经才是我们听到上帝声音的地方。这是上帝选择确立权威的地方。我们不能说"尊重政府的权柄，但不接受它的现行法律"。一个政府的权柄体现在其法律中，因此，顺服政府就意味着遵守它的法律。圣经也是如此。上帝的权威体现在他的话语中，而顺服上帝就意味着遵行他的话语。

如前所述，你不会拜使者，你是在拜他所代表的君王。但你也不能无视使者。恰恰相反，你要顺服使者所说的话，因为他是代表君王发言。你不能说"我会尊崇君王，但一切都要由我自己来决定。"不，君王既能决定他想要什么，也能决定他传达自己旨意的方式——这里是通过一位使者。你要效忠君王，就必须效忠他使者所说的话。

　　同样地，我们不能一面说顺服上帝，一面却保留自己决定如何顺服的权利。上帝决定他想要什么，他也决定将如何启示他的旨意。并非我们中有些人选择将圣经视为权威，而其他人没有如此选择。是上帝自己决定这样做的。他选择在基督里启示自己，并通过圣经赐给我们这启示的书面记录。这就是为什么我们要顺服圣经并奉它为最高权威的原因。

　　让我们回到卫星导航系统的话题。导航不仅能向你指明路线，还会在你行驶途中发出语音指令。我要告诉你一个秘密：你的手机里并没有一个小人在你开车时专心研究地图册并大声发出指令。你听到的不过是一个自动语音提示。

　　卫星导航的一个有趣之处在于，有时自动语音会出错。例如，它可能词读对了，但读错了重音。我的车载导航被设置

为把 "a" 说作 "uh"，因为我们大多数人说 "a dog" 时，实际发音是 "uh dog"。（想想看！）问题是，在英国有许多道路都标有 "A"，有A1或A623。只有我的导航系统认为 "a" 应该读作 "uh"，所以它说 "uh-1" 或 "uh-623"。

系统这样设计是为了给我一种个人体验——与真人声音互动。只可惜尽管是一段真实人声的录音，但并不存在一个真人。它只是一系列由计算机按照要求拼接而成的音频文件。最终，它因为发音错误露馅了。有了卫星导航，你可以额外付费用名人的声音为你导航。也就是说，你可以选择自己喜欢的电影明星在车里陪着你，告诉你该怎么做。但这位名人根本就不在你身边，而且可以肯定的是，名人开的那辆车比你开的那辆小跑豪华多了！

圣经给人的感觉可能并不像卫星导航那么人性化，因为我们听不见书卷中会发出清晰的声音（当然，除非你听的是有声圣经）。但事实上，我们与圣经的互动远不止于此，它本质上是一种生命的相交。有了卫星导航，你能听见声音但找不到人。有了圣经，你可能听不见声音，却遇见了那位赐生命的主。借着圣灵，当我们阅读或传讲圣经时，上帝就透过圣经说话。因此，圣经是我们的最高权威——因为它是上帝的话。

这就是为什么圣经至上是一个大好的消息。严格遵守死的字句没什么意义。足球比赛规则是这项运动的必要组成部分，但没有人会为了消遣而阅读规则。它们并不能让人充满活力。但圣经并不仅仅是一系列我们必须遵守的规则。它的权威源于一位良善的上帝，他的行事准则是良善的准则。在伊甸园中，撒但将上帝描绘成一位当抵挡的残忍暴君。这谎言过去存在，如今亦然。上帝借着圣经所宣告的至高权威,乃是一位慈爱的、使人得自由的、赐生命的上帝所施行的慈爱的、使人得自由的、赐生命的统治。倘若我们对此心存疑虑,就当仰望十字架——因为在十字架上,我们看见了上帝的爱是何等的长阔高深(罗5:8)。

至高权威的另一面即是顺服。若圣经启示的上帝拥有至高的权威,那么人就当以顺服为回应。但让我们永远谨记,我们顺服的是一位慈爱天父所施行的慈爱统治。

思考与讨论

1)谁是上帝的启示?圣经中上帝的启示与这一位有何关系?

2)为什么说圣经至上体现了上帝的位格?这对我们信徒而言意味着什么?你认为这一点当如何体现在你的日常生活中?

3）你认为"使者和君王"的比喻对你理解"圣经崇拜"有帮助吗？为什么有或者为什么没有？

第三章

何时圣经至上？

广义的权威

　　从某种意义上来说，"经上说……"应当能平息基督徒之间的所有争论，因我们必须听从圣经的教导。但你从个人经历中或许能明白，事情并非如此简单。这并不是说圣经绝非至高权威，而是说我们需要清楚圣经至上所指的范围。

唯有正确理解圣经，才能说圣经至上

　　当我们正确理解圣经时，才能说圣经至上。让我们再来思考使者为君王传达消息的例子。一天，使者宣布："The king orders everyone to drive on the right-hand side of the road。"（直译：王命令所有人在路上靠右行驶。）但假设你说："我认为这个比喻是在说当我们在人生旅途中做选择时，所谓"keep right"（直译"靠右行驶"或"保持正确"）实则是王希望我们选择自己认为正确的道路。"你听从王的话了吗？你尊重他话语的至高权柄了吗？显然没有。同样，唯有正确理解圣经，我们才能说圣经至上。

真正忠心的基督徒即便高度认同圣经至上，仍可能对其教导产生分歧。因此，有时人们听到"经上说"会回应说："我不同意，我认为圣经另有教导。"双方都认同圣经至上，却依然存在分歧。

这便引出一个关键问题：我们当如何正确理解圣经？这就涉及一门叫释经学的学科，这一点另择时机详论。但现在我们必须阐明三个事实：

我们当知晓的已经足够清晰

诚然，某些经文艰深难解，还有些议题也难辨真义。然而关乎跟随基督，**我们当知晓的已经足够清晰**。《彼得后书》1章3至4节说：

> 上帝的神能已将一切关乎生命和虔敬的事赐给我们，皆因我们认识那用自己荣耀和美德召我们的主。因此，他已将又宝贵、又极大的应许赐给我们，叫我们既脱离世上从情欲来的败坏，就得与上帝的性情有份。

我们已拥有"一切关乎生命和虔敬的事"，这些都蕴藏于圣经那"又宝贵、又极大的应许"之中。上帝从未将我们弃于黑暗之中。我们的症结不在于信息匮乏，而在于抵挡上帝的旨意。这便引出了第二个事实：

我们必须心存谦卑

正确理解圣经的第一个关键是**谦卑己心**。你不需要神学学位或对原文有所了解。你需要的是谦卑己心，愿意承认自己的需要，愿意将生命完全交托。

当我们内心抵挡上帝的旨意时，就会开始曲解圣经的话语，往往是不自觉地——使其迎合自己的立场。我们甚至会运用原本出色的释经工具（比如分析问题经文的历史文化背景）来削弱或规避圣经（或上帝）的主张。例如，律法主义者觉得自己在救恩上有所贡献，因此只聚焦于圣经中的各种诫命，却淡化了圣经关于我们生来无能无力以及上帝恩典之爱的教导。自由派人士对圣经中的某些命令以及这些命令与当代文化之间的不协调感到恼火，因此他们淡化了圣经的某些要求，认为它们只是原初文化的产物，而现在我们已经不需要了。

我们不是孤军奋战

值得感恩的是，我们读经时并非孤军奋战。我们有上帝的百姓——历世历代的基督徒，我们可以汲取他们的智慧；我们还有地方教会里的会众，他们能够阐释经文的含义。但更好的是，我们有上帝自己与我们同在。圣灵使我们谦卑下来，融化我们的心，使我们不再抵挡上帝的旨意，以此阐释上帝的话语。（帮助我们理解圣经的基督徒也是圣灵的恩赐，因为圣灵装备他们去教导别人【林前12:4–11】。）

一旦我们理解了圣经，我们每个人就必须遵行圣经的教导。例如，如果你认为圣经教导新约信徒应当放下工作守主日，那么你就应当如此行。另一方面，如果你认为安息日已经应验在基督所赐的安息中，那么你就可以更从容地对待如何度过主日。

这就是保罗在《罗马书》14章提出的观点："有人看这日比那日强，有人看日日都是一样，只是各人心里要意见坚定。"（5节）他吩咐我们不要辩论"所疑惑的事"（1节）。他关心的是，有人可能因此会粗暴践踏别人的信念，甚至可能诱导或施压，迫使别人做出违背良心之事。我们"不给弟兄放下绊脚跌人之物"，免得妨碍他们按自己所领受的顺服圣经的教导（13-15节）。

但要注意的是，保罗在《罗马书》14章里的论述是基于圣经至上的信念。正是因为圣经是我们的至高权威，我们每个人才应当照自己所领受的遵守它所教导的内容，即便其他人与我们意见相左。归根结底，我们必须顺服圣经所说的，因为它是上帝的话。

想想看，末日站在上帝面前时你更愿意怎么说？

- "我当时就看出基督徒在这个问题上存在分歧,现在我才意识到自己误解了圣经对此的教导。但我尽了最大努力按我所领受的经文含义顺服了。"
- "我当时就看出基督徒在这个问题上存在分歧,结果证明我的看法是对的。但我却常常随大流,别人怎么做我就怎么做。"
- "我当时就看出基督徒在这个问题上存在分歧,所以我觉得我怎么做都无所谓。"

当然,到那日,凡真正相信基督的人都必蒙恩典。但如果我们想听到上帝称赞说"好,你这又良善又忠心的仆人"(太25:23),那我们就必须按自己所领受的遵行圣经的教导。

这并不意味着你必须彻底弄明白每

个主题和每段经文的含义。你也可以遵循
地方教会的教导。但或许有一天，你发现
自己对某个问题有异议。此时，最明智的
做法就是重新仔细思考。与你的教会领袖
深入沟通此事，探究他们为何持现在的立
场。不要立即断定自己是对的、他们是错
的。要承认你自己也有可能犯错。

　　记住，谦卑是正确理解圣经的关键。
但最终你不能违背自己的良心。你应当
顺从上帝而不顺从人（徒5:29），也就是
说，你要按照自己领受的遵行圣经的教
导。但愿你的牧者们能本着《罗马书》14
章的精神尊重这一点。

在它所论及之事上具有至高权威

　　如前所述，上帝通过圣经中的应许已
将"一切关乎生命和虔敬的事赐给我们"
（彼后1:3-4）。强调"一切"这个词很重

要。包含所有。为了过敬虔生活需要知道的一切都已在圣经中启示了。

但我们还需要注意"关乎"这个词。圣经给了我们"关乎生命和虔敬"所需的一切事——**而非我们自己所需的一切**。圣经不是关于修车的最高权威，不是关于足球规则的最高权威，不是关于烘焙巧克力蛋糕的最高权威，也不是关于新款手机最优价格的最高权威。有一大堆的问题圣经并未论及。关于这些问题，我们必须从别处寻找答案。

但如果圣经确实论及了那些问题，那么它在那些领域也同样具有最高权威。并非圣经的某些教导具备权威性，而其他教导则不然。例如，有时人们会说它在信仰问题上具有权威性，而在科学和历史问题上却没有。然而事实是，**凡圣经明确宣告的内容，都具有权威性**。不过，如果你想修车，那我建议你还是另寻高明为好。

YouTube（一个视频分享网站）视频是个不错的选择。或者开车到当地的机修工那里让对方处理，这样更好。

除了……圣经提供了背景或框架用以处理它并未直接论及的那些问题。圣经没有提到脸书（Facebook，一个社交媒体网站）。相信我，我已经查过了。它不会告诉你如何上传YouTube视频或在Instagram（一个社交媒体应用程序）上带货。但圣经确实谈到我们对社交媒体的使用。它告诫我们不要为得人的认同而活（它称之为"惧怕人"，箴29:25），还告诫我们不要自己寻求身份认同，并将我们引向在基督里所赐给我们的身份。它提醒我们，人的生命是一种在共同体中具身化的存在，这个共同体会见证我们生命成长的完整历程。

在圣经界定的范围内有至高权威

如果圣经未曾详细谈及一个属灵问题或神学问题，那么我们就知道这个问题或许并不重要。例如，有人认为天使可能有等级之分。圣经称一部分天使为"天使长"，他们似乎是天使中的监督者。《歌罗西书》1章16节说，万物都是靠他造的，无论是"天上的、地上的、能看见的、不能看见的，或是有位的、主治的、执政的、掌权的，一概都是藉着他造的，又是为他造的"。因此，也许有位的、主治的、执政的、掌权的是指不同级别的天使。

也许吧。但圣经对于这一点并没有明确说明。而且这种情况是个好现象，说明我们不需要知道。请记住，上帝很擅长他的工作。他已经清楚地传达了我们需要知道的一切。因此，如果有些事情不清楚，那就说明我们可能**不必**知道。在这个例子中，我们需要知道的是上帝看顾我们——有时是借着天使，有时是他直接看顾，有时则是通过他人。我们只需要知道，我们可以借着祷告把自己的需要带到上帝面前，而非天使面前。

关键在于，圣经至上的范围其实是圣经自己设定的。圣经本身（或者说，是上帝藉着圣经说话）界定了它的管辖范围。在圣经并未论及的问题上，我们必须另寻他处。但在圣经肯定的一切事上，它都拥有至高的权威。这使我们回归到圣经至上的核心意义：每当我们必须在圣经所言和其他教导之间做选择时，我们必须选择圣经。

思考与讨论

1）当你知道你已经拥有"一切关乎生命与虔敬的事"时，你心里会有安慰吗？上帝有哪些途径通过圣经来满足你的需要？

2）缺乏谦卑和顺服为何会导致曲解圣经的话？你能举例说明吗？

3）依靠两三位被圣灵装备的老师，他们能帮助你更好地理解圣经。为他们感谢上帝。他们的教导对你有什么特别的帮助或鼓励？

第四章
为何至上如此重要？
至关重要的权威

你或许在想，这些都很有趣，但这真的重要吗？何必这么大惊小怪？为何要将圣经至上定为一项核心教义？答案是：在教会历史的关键时刻，圣经至上向来都是成败攸关的问题，而今日亦然。

改革宗的神学思想通常可以概括为五个"唯独"。我们相信，我们得救是唯独靠基督，唯独靠信心，唯独本乎恩典以及唯独顺服圣经的权威。这一切都意味着唯独将荣耀归于上帝。"唯独圣经"其实是圣经至上的另一种说法：唯独圣经是我们的至高权威。

但唯独圣经并不意味着只有圣经本身。我们不是说"除了圣经，别无其他"。相反，我们说的是"圣经拥有至高的权威，没有任何权威能凌驾其上或与之并列"。正如我们所见，还存在其他我们理应尊重的权威来源。当关乎我们对上帝的认识时，传统上认为有四种认知来源：

- 理性
- 经验
- 传统
- 圣经

上述四个来源都很重要。圣经至上并非意味着我们必须摒弃理性、经验或传统。

- 我们借鉴科学、历史学、考古学、人类学和心理学的研究发现，从而尊重理性的权威。我们拒绝非理性的、不合逻辑和自相矛盾的论述。

· 我们尊重经验的权威。我们希望我
  们的思考是真实可靠的，是切实可
  行的。我们处理日常事务时往往会
  依靠自身的感官认知。

· 我们尊重传统的权威，因为我们重
  视几个世纪以来其他基督徒的思
  考——他们和我们一样，都有圣灵
  的内住。我们很可能不是第一个思
  考某个具体问题的人，因此我们盼
  望从其他人的所言所行中学习。

　　理性、经验和传统对我们而言至关重
要。它们对于指导我们的思想和言行都具
有一定的权威性。但圣经始终是一切事物
的最高权威。正如范浩沙所言："唯独圣
经并非指它是神学的唯一来源，而是指在
神学领域中，'唯独'圣经拥有**首要**且**至**

高的权威。"①

因此,当面对相互矛盾的说法时,我们该怎么办?如果圣经的教导和我的经验及最新的科学主张不相符怎么办?首先要做的是看看明显矛盾的主张是否可以调和。我们需要回到圣经,看看经文是否可以有不同的解释。这并非在说神学有缺陷,而是说我们需要谦卑和信心。我们相信圣经是真理,因此很乐意提出尖锐的问题。倘若我们足够谦卑就可以认识到,我们可能一直存在误读经文的问题。

例如,传统就像警铃,当我们对圣经的理解偏离正轨时,它会发出警示。假设你对圣经的理解与所属教会的信仰告白相左,或与大多数基督徒对某段经文的诠释相悖,有可能你是对的而其他人都错

---

① Kevin J. Vanhoozer, *Biblical Authority After Babel: Retrieving the Solas in the Spirit of Mere Protestant Christianity* (Grand Rapids, MI: Brazos, 2016), 111.

了——这其实就是宗教改革时期发生的事情。当时的改教家们重新认识到新约这一教导的真意：人唯独借着相信基督的工作才能与上帝和好。但请容我委婉地提醒你：在你的处境中，更可能是你理解有误，需要重新思考。我劝你在打出"至上"这张牌之前，务必三思而行。

伽利略和再思圣经教导的必要性

意大利天文学家伽利略（Galileo Galilei，1564-1642）曾主张日心说，而彼时罗马天主教会却坚持地心说。因此，伽利略的著作受到宗教裁判所的审查，这是天主教会内部专门为根除异端而设立的法庭。

伽利略坚称他的观点与圣经并不矛盾，他认为需要重新诠释圣经。但对经历宗教改革冲击后处于守势的天主教会而言，这种观点似乎有些新教异端的味道。罗马天主教会声称只有自身有解释圣经的权利，因此他们认为伽利略无权挑战其教义。

在1616年，宗教裁判所裁定日心说"荒谬愚昧"，且"因多处明确违背圣经真意而构成异端"。此后伽利略暂保平安数年。但到了1632年，他出版了《关于托勒密和哥白尼两大世界体系的对话》（*Dialogue Concerning the Two Chief World Systems*）。该书声称仅陈述两种观点，但天主教会当局认定其本质是在宣传日心说。1633年，宗教裁判所最终裁定伽利略有罪，判处他终身软禁。

如今已无人认为太阳绕地球旋转。圣经确实说到，太阳从天这边出来，绕到天那边（诗19:6）。但你每天看的报纸也这么说。《诗篇》19篇是诗歌体，而诗歌自有其表达习惯，尤擅运用隐喻与意象。但它依然能够传达真实的信息并发挥权威的效力。②事实上，日出这类表述并非仅限于诗歌：英国广播公司（BBC）官网的每日天气预报会明确标注"日出"的时间。我们沿用此说法，只因在我们看来确似太阳出来。这或许不是科学术语，却仍是描述每日晨间体验的有效方式。使用此表述并不代表我们必须接受地心说。

伽利略是正确的：对圣经的诠释可与天文学发现保持一致。他的研究并非迫使我们在科学与圣经之间抉择，而是在错误与正确的解经之间做出取舍。

圣经至上有时可能要求我们否定科学主张。但我们的首要选择应是审视圣经与科学主张之间能否调和，即便这有时意味着我们须承认，此前从经文中推导的结论是错误的。

---

② 参见 C. S. Lewis, "The Language of Religion," in *C. S. Lewis:Essay Collection and Other Short Pieces*, ed. Lesley Walmsley (London: HarperCollins, 2000), 255–266。

但凡必须抉择，我们必以圣经为依据。面对两种相互矛盾的事实陈述，我们相信圣经；面对两种相左的做法，我们遵循圣经所说的。理性、经验与传统皆为圣经的良伴，但若任它们成为圣经的对手，问题便会产生。

圣经与传统之争

圣经与传统之争乃是宗教改革的导火索之一。中世纪天主教虽然愿意承认圣经的权威，却将教会传统置于与之并列的地位。确切地说，它通过双重方式将圣经嵌套于教会权威之下：

首先，天主教会宣称只有他们有解释圣经的权利，因圣经过于晦涩难解，不宜交予平信徒之手。鉴于解经观点时有相悖，教会自诩只有她能提供权威的阐释。如此一来，圣经至上仅在名义上得到承认，实则形同虚设。一旦教会宣称只有自身拥有圣经解释权，那么实际运作中拥有至高权威的则为教会传统。

其次，天主教会宣称圣灵持续通过教会说话。这为某些无法直接从圣经证实的教义发展提供了依据。例如炼狱的教义，它认为多数人死后将暂居一个受苦之地，待灵魂被涤净后方得进入天堂。这在圣经中并无依据，却仍成为天主教会的官方教义。

天主教会至今仍将传统与圣经并置。罗马天主教信仰的官方文件《天主教教理》（*Catechism of the Catholic Church*）宣称，神圣启示通过"两种不同的传递模式"呈现：圣经与圣传。③"于是，教会受托传递及解释启示，'并不单从圣经取得一切有关启示之事的确实性。因此，两

---

③ *Catechism of the Catholic Church*, 2nd ed., par. 80-81.

者都该以同等的热忱和敬意去接受和尊重。'"④需注意《教理》明确否定唯独圣经拥有至高权威的表述方式。其所谓的"唯独"是指唯有教会有解释圣经的权利："正确地解释天主圣言的责任，只委托给教会的训导职务，就是教宗以及与教宗共融的主教们。"⑤

宗教改革的一个关键时刻，是当马丁·路德意识到必须在圣经教导与教会教导之间做出抉择时。起初他本无意建立新的教会，而是一心希望现存的天主教会能够进行改革。但当必须二选一时，他最终选择了圣经。这便是圣经至上的实际体现。

教会"被建造在使徒和先知的根基上，有基督耶稣自己为房角石"（弗2:20）。"使徒"乃新约书卷的主要作

---

④ *Catechism*, par. 82.

⑤ *Catechism*, par. 100. Emphasis added.

者,而"先知"一词则是旧约书卷的惯用统称。教会乃是建基于圣经,而非圣经奠基于教会。圣经学者斯蒂芬·邓普斯特(Stephen Dempster)指出:"基督教会诞生之时,手中已持有圣经。"⑥他提出了一个历史性观点:新约时代的教会不仅使用旧约圣经,更以其为权威来生活。这一史实恰恰佐证了一个神学真理:是圣经建立了教会,而非教会创造了圣经。

真理的柱石

天主教神学家为捍卫传统具有同等权威时,最常引用的经文当属《提摩太前书》3章15节,该经文称"教会"是"真

---

⑥ Stephen G. Dempster, "Canon and Old Testament Interpretation," in *Hearing the Old Testament: Listening for God's Address*, eds. Craig G. Bartholomew and David J. H. Beldman (Grand Rapids, MI: Eerdmans, 2012), 159.

理的柱石和根基"。天主教认为，这是因为教会验证何为真理，故此也决定其信仰内容。

但加尔文反驳说，教会之所以成为真理的柱石，并非因为她能裁定真理——唯独上帝能决定何为真理，并借着圣经告诉我们。"说上帝之道需要由人确定方为可信，实在是令人震惊的亵渎之举。"相反，教会之所以为真理柱石，是因为她传讲的是上帝的话，确保上帝的声音始终回响于世。加尔文申明："教会是真理的柱石，是因为借着教会的侍奉真理得以保存并广传。"

神圣真理是上帝托付给我们的一份神圣信托，不是为了让我们去扩充或发展它，而是为了让我们持守它、传扬它。"教会之所以能在世人面前持守这真理，正是因为她在讲道中既传扬这真理，又持守它的纯正与完全，并将它传于后

代。" ⑦

圣经与理性之争

如果说传统的权威在宗教改革时期挑战了圣经至上的观点，那么启蒙运动——通过将人的理性置于世界观的中心来塑造现代世界的思想运动——则以理性的权威挑战了圣经至上的观点。

当我还是个孩子的时候，我还记得在一次全校大会上，我听到有人解释了在"喂饱五千人"的神迹中"真正"发生了什么，就是耶稣只用五饼二鱼便奇迹般地喂饱五千人，包括女人和孩子。至少圣经是这么说的（太14:13-21；可6:32-44；路

---

⑦ John Calvin, *Calvin's Commentaries: the Second Epistle of Paul the Apostle to the Corinthians and the Epistles to Timothy, Titus, and Philemon*, eds. David W. Torrance and Thomas F. Torrance, trans. T. A. Smail (Edinburgh: Oliver and Boyd, 1964), 231-232.

9:10–17；约6:1–13）。

但我的老师却有另一番解释。显然，所有人都带了食物，但没有人愿意把食物拿出来，因为这意味着要和五千个人分享。直到有一个孩子拿出自己的午餐，众人方羞惭而群起分享。这种解释包含着一个明显的道德教训：我们应当与人分享自己所有的，如此或可激励别人也能慷慨分享。

但这番巧妙的解释并不符合经文的本意。所有的福音书都清楚地表明，这是一个非同寻常的神迹。事实上，只有《约翰福音》提到"五饼二鱼"是由一个小男孩提供的，其他三部福音书根本没有提到他。而福音书要传递的更重要也是更大的好消息是：耶稣正是那位为他百姓供应需用的牧者和君王。

那么，为何有人会偏离圣经的本意给出这种解释呢？答案是，人理性的权威被置于圣经的权威之上。科学无法解释如何用五个饼喂饱五千多人。事实上，理性也告诉我们这种事绝不可能发生。但在这里，它确实发生了。

这并不意味着基督徒是非理性的。信心从不强将不合逻辑之事称为合乎逻辑。但它确实承认，宇宙间发生的事远超我们肉眼所见。我们承认存在人类无法理解或解释的事物，承认有位超自然的上帝存在于超自然的国度。事实上，若说他能在自己的世界中施行超自然作为，这实在是我们所能设想的最合理之事。

圣经与经验之争

传统与理性曾是宗教改革和启蒙运动时期的核心议题，但如今对圣经至上的主要威胁来自经验的权威。

不久前，我的朋友亚历克斯（化名）

来电告知他要与妻子离婚。"我爱上别人了，"他说，"我们很投缘，彼此都很快乐。"

"那凯西怎么办？"我问。

"我们感情破裂已经有一段时间了。终有一天她会明白，这样对彼此都好。"

"那上帝怎么看呢？"

"我知道这并不理想，但我相信上帝会理解的，因为我觉得这一切很美好。"亚历克斯的感受胜过了圣经的权威。

在过去几十年里，我们文化中讨论道德或伦理问题的方式已经悄然发生变化。如今，我们总能在新闻采访中看到这样的场景：一位慢性病患者在描述自己的痛苦。她动情地诉说着自己多么想要结束生命。采访者则鼓励她表达自己的感受。

"我请求政府能修改法律，这样我身边的人就可以合法结束我的生命，让我别再那么痛苦。"这往往是今人讨论伦理问题的方式。对挣扎的描述毫无疑问是塑造我们文化道德的关键因素。"只要感觉对,就一定对"是当今的主流逻辑。在我们的文化中,经验或感受高于圣经——有时甚至在制度化的教会中也是如此。

当然,痛苦的经历应能唤起我们的同情心,但这并不能构成出轨的正当理由,也不能成为制定新法的依据。承认圣经至上意味着,是圣经塑造我们的信念、行为和道德准则,而非感觉或经验。有时,当有司机在路上别我的车时,我真想开车猛撞对方车尾。但这样做肯定是不对的。

问题是,我们的经验不是一个准确的指导原则。在《罗马书》1章中,保罗重述了人类堕落犯罪的故事。我们敬拜侍奉受造之物,不敬奉那造物的主(25节)。保罗描述了这样行的后果。22节说,我们的理性受了玷污:"自以为聪明,反成了愚拙。"我们依然有丰富的智慧,想想人类发明创造的所有事物就知道。但我们的理性受到内心欲望的驱使。这意味着我们用智慧才能为自己的悖逆行径开脱，或者创造出种种剔除自己对上帝应尽责任的世界观。

然而，受到影响的不仅仅是我们的理性，我们的欲望也受到影响。24节说："所以，上帝任凭他们逞着心里的情欲行污秽的事，以致彼此玷辱自己的身体。"我们的盼望、惧怕、渴求和感觉现在全都受到了玷污。我们无法再凭着这些断定是非。感觉好不一定是真的好。我曾亲眼目睹我身边的两个人遭受厌食症的折磨。我们为他们感觉的混乱痛心不已。他们觉得自己很胖，但他们的感觉并不真实。而如果没有人质疑他们的感觉，那么他们很有可能会饿死自己。

类似的情况也发生在教会中。我有一个朋友，我们就叫她简吧。有个年轻人对她说，上帝告诉他他们应该结婚。幸好简勇敢地回绝说："是吗？但他还没跟我说！"

我怀疑这个男人并非蓄意操纵别人（尽管有这种可能）。我猜想他是将自己的欲望解读为上帝的旨意。也许他在祷告时，关于简的念头不断浮现在脑海中。于是他便认为，这表明上帝在说他和简应该结婚。在他看来，这证明此事乃为神旨。但他说的这种经历上帝的方式并不可靠。

有些人觉得自己有服侍教会的呼召。确实，在某些教会圈子里，上帝的呼召是一个必要条件。但明智的教会会仔细查验个人的呼召。他们会分辨这人是否具备该职分所需的品格与恩赐。蒙召的经历固然重要，但圣经所列出的要求才具有最高权威。

圣经的权威高于经历并不意味着我们可以忽略后者。但我们需要圣经来明白自己的经历有何意义。我们可能真正经历了上帝，却不甚明白。这再次表明圣经至上的重要性，因为是圣经诠释了经历——而不是相反。当二者相互矛盾时，那么就有两种可能：要么是你曲解了圣经，要么是你曲解了自己的经历。二者都有可能。因此，无论如何，你当重新察验圣经的教导。但这样做要小心，因为正如我们所看到的，我们可能会曲解圣经。而更有可能的是，你曲解了自己的经历。

亚历克斯感受到的爱情并非上帝的祝福，而是撒但的诱惑。那种想要结束生命的绝望不能证明需要修改法律条文，而是证明受苦之人需要福音的安慰与盼望。

十八世纪英国国教利物浦主教莱尔（J. C. Ryle）曾言："新教信仰首要的显著特征是它赋予圣经至高无上的绝对权威，唯此是信仰与实践的准则，唯此是真理的试金石，唯有圣经能裁决一切争端。"他接着说道：

> 圣经的至高权威，一言以蔽之，乃是我们信仰体系的基石之一。凡是这书上写明了的事，哪怕（我们作为）血肉之躯觉得难以承受，我们也都会接受、相信并遵从，而且毫不妥协。无论什么东西，只要它打着宗教的旗号却违背这书上的教导，那么就算它再合理、再动听、再美好、再诱人，我们也绝不接受，无论代价多大。纵使其经由教父、经院学者与大公教会作者背书而呈于我们面前，纵使其得到理性、哲学、科学、灵感、科学验证方法或人类普遍良知的支持和推崇。这些都毫无意义，还不如给我们

几段简明的经文。如果某样教导不在圣经里，不能从圣经推导出来，或者与圣经明显不一致，那我们绝对不接受。就像那禁果一样，我们不敢碰它，免得我们死。我们的信仰只在圣经中或在基于圣经的论证中，除此以外，别无他处。唯有圣经才是基石，其余一切都是沙土。[8]

莱尔的最后一句话提到了耶稣在《马太福音》7章24至27节讲的一个比喻：

所以，凡听见我这话就去行的，好比一个聪明人，把房子盖在磐石上。雨淋，水冲，风吹，撞着那房子，房子总不倒塌，因

---

[8] J. C. Ryle, "Evangelical Religion,"*Knots Untied* (London: Hunt, 1877, 10th ed., 1885), 3-4.

为根基立在磐石上。凡听见我这
话不去行的,好比一个无知的人,
把房子盖在沙土上。雨淋,水冲,
风吹,撞着那房子,房子就倒塌了,
并且倒塌得很大。

真正的智慧在于践行耶稣的话。唯有
将生命建立在上帝的话语之上,才能在生
死之际有真实的信心。其他权威来源或许
有所助益,但我们若将生命建立其上,就
如建立在沙土上。它们经受不起生活的风
暴,更遑论死亡的洪流。

圣经至上不是一个无名暴君强加
于我们的命令。圣经的话语就是耶稣的
话,他是为自己百姓舍命的好牧人(约
10:11)。而圣经至上犹如磐石,我们可
以在其上凭信心建造,也能为未来提供稳
固的根基。

思考与讨论

1）我们当如何尊重理性、经验、传统和圣经的权威？在你的家庭、工作或教会中，你更倾向于依赖哪一个？

2）改革宗的核心议题是什么？这一议题在当今的何种现实情境中依然存在？

3）你能否想到一个道德议题，人们对它的讨论主要是围绕着情绪和感受来展开的？这种做法错在哪里？本书让你对这类问题应该如何讨论有了哪些新的认识？圣经中何处对这个道德问题给出了最清晰的阐述？

第五章
至高权威如何生效？
一个动态的权威

圣经至上是个动词，而不是名词。是的，我知道这里的语法是错误的，因为严格来说，"至上"是一个抽象名词。但这句话的神学没有问题。经上的话是生动且鲜活的。上帝透过他的话塑造我们的生命，在我们心里恢复他赐生命的至高主权，这是个持续不断的过程。

人们可能会从消极的角度理解圣经至上，仿佛圣经是一本词典或一本规则手册。它提供了信息，仅此而已。是的，它提供了重要信息，是来自上帝的信息，是可能改变生命的信息，但归根结底只是信息而已。有时似乎我们才是主动的一方。我们阅读圣经，收集信息，或许也将其付诸实践。但圣经似乎是被动的一方。

但请注意，圣经至上是"上帝通过圣经说话行事的至高权威"的缩写。上帝并不被动，他不是无所事事地坐在那里，好像在等着我们就他的话提出疑问。

上帝依然透过圣经说话

圣灵不单在圣经作者写作圣经时工作，也在今天人们读圣经并传讲圣经时工作。圣灵借着上帝的话主动寻找我们。他使我们瞎眼的得看见，融化我们冰冷的心，使我们听见上帝的声音就以信心来回应。这是上帝首次将属灵的生命赐给人的方式——这个过程我们称为"重生"。当我们基督徒带着谦卑的心来读圣经时，他就继续在我们身上这样工作。对此，巴文克说：

圣经不需要任何人的协助就可以获得认可和权威。它不需要政府的武力干预，不需要教会的支持，也无须征用任何人的刀剑与裁决。它不希望以强迫和暴力来统管万民，而是寻求人们甘心乐意地接受。为此，它通过圣灵的工作得着人的承认。圣经自证其权威。①

上帝过去的确通过人类作者写下他的默示，但除此之外，他还做了更多的工作。今日，他依然通过圣经以动态的方式与人互动。《希伯来书》3章7至11节引用了《诗篇》95篇，并明确将其视为上帝的话语。这不足为奇。但《希伯

---

① Herman Bavinck, *Reformed Dogmatics, Volume 1: Prolegomena*, ed. John Bolt, trans. John Vriend (Grand Rapids, MI: Baker Academic, 2003), 465.

来书》在引用这段经文时是这样说的：
"圣灵有话说……"请注意，这里是
现在时态：它没有说"圣灵过去曾经说
过"，它说"圣灵有话说"——就在这
里，就在此刻。这就是为什么《希伯来
书》又说上帝的道"是活泼的，是有功
效的"（来4:12）的原因。上帝过去的确
曾向全人类说话——这一点毋庸置疑。
每当诵读或宣讲圣经时，便是上帝在亲
自发声。此时此刻，他正借着圣灵透过
圣经亲自对你说话。

上帝今天仍然透过圣经行事

上帝不仅通过他的话语发声，也通
过他的话语行事。创世之初，"地是空
虚混沌，渊面黑暗"（创1:2），但随即
"上帝的灵运行在水面上"。这句话蕴藏
着无限可能，仿佛万物正在酝酿之中。这

时果真有事发生，上帝说话了。紧接着，《创世记》1章3节说："上帝说：'要有光'，就有了光。"上帝通过说话行事。他说一句话，黑暗消失，光明显现。上帝将光与黑暗分开，称光为"昼"，称黑暗为"夜"（创1:4-5）。他通过说话为混乱带来秩序。在创世的第一日到第三日，我们看到了相同的创造模式。上帝一说话，混沌的世界便有了秩序，万物各从其类。而在第四日到第六日，创造的模式略有变化。此时，上帝用众星和月亮、鱼群飞鸟、走兽与人类充满空虚的世界。但他还是通过说话来成就这一切。他说话创造了诸世界。

这个模式贯穿着整本圣经的叙事。上帝始终通过他的话语赐生命给他的百姓。他借着先知引导人类历史的进程。他通过福音的传扬来扩展基督的国度。他借着话语使我们的灵性活过来。诚然，归信之工与创造之工是同时发生的。在《哥林多后书》4章5至6节中，保罗说："我们原不是传自己，乃是传基督耶稣为主，并且自己因耶稣作你们的仆人。那吩咐光从黑暗里照出来的上帝，已经照在我们心里，叫我们得知上帝荣耀的光显在耶稣基督的面上。"正如上帝说话为黑暗的世界带来光明，他也赐下福音真道，照亮我们内心的幽暗。他借着圣灵的大能，使人听见他的道，将我们的混乱变为有序，填满我们的虚空。

上帝始终透过他的话语积极行事。

耶和华的声音发在水上

《诗篇》29篇是对上帝通过他的话语行事的精彩描述。

[1]上帝的众子啊！你们要将荣耀能力归

给耶和华，

归给耶和华!

[2]要将耶和华的名所当得的荣耀归给他，以圣洁的妆饰敬拜耶和华。

[3]耶和华的声音发在水上。

荣耀的上帝打雷，

耶和华打雷在大水之上。

[4]耶和华的声音大有能力，

耶和华的声音满有威严。

[5]耶和华的声音震破香柏树；

耶和华震碎黎巴嫩的香柏树。

[6]他也使之跳跃如牛犊，

使黎巴嫩和西连跳跃如野牛犊。

[7]耶和华的声音使火焰分岔。

[8]耶和华的声音震动旷野；

耶和华震动加低斯的旷野。

[9]耶和华的声音惊动母鹿落胎，

树木也脱落净光；

凡在他殿中的，都称说他的荣耀。

¹⁰洪水泛滥之时，耶和华坐着为王；
耶和华坐着为王，直到永远。
¹¹耶和华必赐力量给他的百姓，
耶和华必赐平安的福给他的百姓。

这篇诗歌一开始就呼召我们要将荣耀归于耶和华（1—2节），因为上帝的声音大有能力且满有威严（4节），这声音好像打雷（3节）。3节中的"大水"很可能暗指《创世记》1章2节中受造界中的混沌水域。上帝发言，征服大水。耶稣就是这样做的，他斥责风浪，风浪就立刻平静了（可4:39）。上帝借着他话语所彰显的大能使他能够在世上行事。诗人随后使用了地震的比喻。树木像小木枝一样被震碎（5、9节），各民族好像跳跃的野牛犊（6、8节）。因此，上帝的百姓对上帝的话语发出赞美："凡在他殿中的，都称说他的荣耀。"（9节）

在诗歌的最后，上帝已经征服了泛滥的洪水，并借话语吸引他的百姓。他就这样在世间坐着为王。因此，10节说："洪水泛滥之时，耶和华坐着为王；耶和华坐着为王，直到永远。"对他的百姓来说，这实在是个好消息，因为上帝借他话语施行的统治必带来力量、祝福与平安（11节）。

就我们的目的而言，关键在于上帝借着说话主动做工，因为他通过自己的话语重新确定了他爱的主权。

上帝通过他的话语所行的事，其一就是赐下得救的信息。他的话就是真理（约17:17）。他告诉我们一些关于他自身的信息。他谈及自己的圣洁、威严、权能、慈爱和公义。他叙述了他如何通过基督的降生、生平、受死、复活与升天来确保我们得救的故事。他吩咐我们当以信心和悔改来回应。他已经晓谕他的百姓当行的道。

但上帝借着经上的话所做的还不止这些。他说话:

- 使人灵性复活。
- 使他的百姓安心。
- 夺回任性的基督徒的心。
- 激励他的百姓服侍他。
- 使有权势的降卑,使卑微的升高。
- 恢复他的主权。

因此,圣经至上不是一个消极的概念。它不仅仅是在说,圣经是最权威的信息来源,尽管这是事实。圣经也不只是最好的词典或最全的百科全书。圣经至上也指一种行动。它描述了上帝如何通过他的话语重新确立对他百姓的主权。

重要的是,**上帝正借着圣经在我们心中居首位**。他借着圣经的话语及圣灵的大能,将生命的气息吹入人心。圣灵借着圣

经的传讲赐下重生——这重生既带来对上
帝崭新的认识，也激发顺服他的新渴望。
这种渴望会随着我们不断阅读和聆听他的
话语而变得愈发强烈。在上帝的话语中，
我们听见基督的声音，因此就相信他的
恩典长存。我们渐渐感到自己是上帝家中
的一员。借着这话语，我们感受到在基督
里与上帝相连。因此，我们受激励去侍奉
他。上帝的话语叫我们认罪，又向我们保
证罪得赦免。它打伤我们，也必医治。它
撕裂我们，也必缠裹。我们对上帝的认识
越发丰富，对他的爱日益加深，对他的顺
服不断增长。上帝借着他的话语重新确立
了他对我们生命的至高主权。

　　当我们思考该如何"应用"圣经至
上的教义时，上述一切都至关重要。那么
我们当如何回应呢？首先，既然圣经是我
们的至高权威，我们就应当遵行它的教
导——在任何时候、任何处境下，毫无保

留或妥协。我们委身于上帝，因此也当竭力遵行他的话语。

但当我们力求顺服上帝的话语时，他也借着那话语向我们伸手，为要赢得我们的心。圣经至上在上帝与人的互动中双向运行：

· 我们顺服所听见的道。
· 我们听到的道会吸引和夺回我们的心。

百科全书和规则手册确实很有用。倘若你想了解某事，可以查阅百科全书，纸质版或网络版都可以。倘若你想知道什么行为是被允许的，可以查阅规则手册。但没有人是为了好玩去读百科全书或规则手册，更不会每天读一章。至少大多数人不会。如果圣经仅仅是一部宗教百科全书或规则手册，那么它不过是书架上有用的书而已。你或许会偶尔取下它来查阅某些内容，但你绝不会每天都读它，更不会每周聆听对它的阐释。

圣经至上实为一种动态的作为——上帝正借着他的话语，亲自引导我们与他建立关系，并重新在我们的生命中做王掌权。他并非仅靠厉声命令来成就此事。的确，圣经陈明了上帝的旨意。但上帝也透过圣经向我们说话，为要寻回我们，并赢得我们的心。圣经是基督写给他新妇的情书，为了让我们相信他的爱，并吸引我们以爱来回应他。上帝在我们心中居首位，不是靠暴力迫使我们屈服，而是温柔地改变我们内心的渴望，激发我们的爱心。

圣经的至高权威，在于上帝借着圣经在我们生命中确立他的主权。唯愿你我皆能如此——当我们怀着谦卑顺服之心顺服圣道，直至那日到来，得见这位创作者的荣面。

思考与讨论

1）为何说圣经至上是个动词（行动之词）而非名词？

2）"每当诵读或宣讲圣经时，便是上帝在亲自发声。"这会如何影响（或改变）你和家人的优先事项？

3）"上帝始终通过他的话语积极行事。"在一个充斥着社交媒体"噪音"的世界里，这一事实如何坚固和安慰我们？哪些经文段落总能让你得着安慰与指引？

4）上帝是否曾借着他的话语挑战你？你对圣经的教导是否持全然顺服的态度？理由何在？

经文索引

Union

我们在教会和信徒的生命中
推动改变

联合出版（Union Publishing）致力于用神学装备下一代的属灵领袖，激发他们更深渴慕上帝。我们提供包括书籍到免费在线资源在内的优质内容，旨在助力信徒生命更新，帮助教会健康成长。

我们盼望世界各地的人都能认识上帝、爱慕上帝并且以他为乐，从而荣耀他。为此，我们在免费平台上收集了数百篇文章、播客、书摘和视频内容。我们还持续创作了全新的文字、音频和视频资源，以帮助你在耶稣基督的真善美中活出更丰盛的生命。

若你希望获得更多改革宗资源，帮助

你更深地爱上帝并在基督里成长，欢迎访问我们的网站：unionpublishing.org。